Renate Schoof

Abc-Geschichten

Illustriert von Christian Zimmer

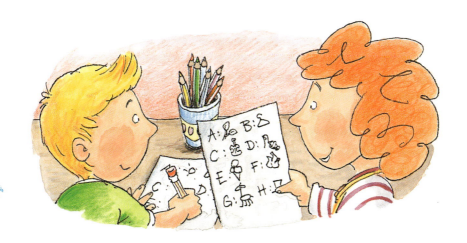

Bibliografische Information Der Deutschen Bibliothek
Die Deutsche Bibliothek verzeichnet diese Publikation in der
Deutschen Nationalbibliografie; detaillierte bibliografische Daten
sind im Internet über *http://dnb.ddb.de* abrufbar.

Der Umwelt zuliebe ist dieses Buch auf chlorfrei gebleichtem Papier gedruckt.

ISBN 3-7855-5299-8 – 1. Auflage 2005
© 2005 Loewe Verlag GmbH, Bindlach
Umschlagillustration: Christian Zimmer
Reihenlogo: Angelika Stubner
Gesamtherstellung: L.E.G.O. S.P.A., Vicenza
Printed in Italy

www.loewe-verlag.de

Inhalt

Anton + Boris + Carlo =
dicke Freunde 8
Geheime Pläne 19
Name gesucht 31
Ein tanzendes T
und eine gute Idee 39

Anton + Boris + Carlo = dicke Freunde

Ganz allein hangelt sich
der Affe Anton
von Ast zu Ast.

So allein macht ihm nicht mal
das Naschen an Bananen Spaß.

Auch Beutelbär Boris
begegnet keinem anderen Bären.

Mit wem, bitte schön,
soll er am Bach baden?
Oder Burgen bauen und boxen?

In China sitzt Clown Carlo
im Café vor dem Computer.

Beim Drücken der Tasten
denkt er dauernd:
„Einen Freund zu haben,
das wäre nicht dumm."

Endlich entsteht eine Idee:
„Mit einer fröhlichen Flaschenpost
finde ich fix einen Freund!"

Auf ein gelbes Blatt vom Gummibaum
schreibt Carlo den glühenden Gruß.

In einer riesigen Flasche
aus dem Imbiss wirft Carlo
den pfiffigen Brief in den Fluss.

Ja, jetzt kann ihn jeder finden.
Kilometerweit wackelt die Flasche
wie ein komisches kleines Kanu.

Dann kullert sie langsam an Land.

Mühsam nimmt Beutelbär Boris
mit einem Messer die Mitteilung
aus der Flasche heraus.

Nie las er etwas Netteres.
Doch ohne rot zu werden,
mopst Anton dem Beutelbären Boris
plötzlich die pfiffige Post.

„Quält euch nicht", quäkt die Qualle,
„rudert doch gemeinsam zur Quelle!"

Rasch rudern Affe und Beutelbär
in Richtung Hängebrücke.

Singend segeln sie
auf dem sanften Strom
einen ganzen Tag lang durchs Tal.

Unter der Brücke am Ufer
erwartet sie ungeduldig
der vergnügte Clown Carlo
mit seiner Violine.

Wie wunderbar:
Da staunen selbst die fixen Nixen.

X-mal feiern Anton, Boris und Carlo
ihre Freundschaft mit **Y**oga
und **Y**ogi-Tee.

Zu dritt erreichen sie jedes **Z**iel.
Sie halten **z**usammen
wie **Z**ucker und **Z**imt.

Geheime Pläne

Lukas hat schon
fast alle Bücher gelesen,
die es in der Bibliothek
über Schatzsuche gibt.

Die Frau an der Ausleihe weiß,
was Lukas gefällt.

Bestimmt ahnt sie längst,
dass er Schatzsucher werden will.

An diesem Nachmittag
sucht Lukas nach einem Buch,
das er noch nicht kennt.

Plötzlich entdeckt Lukas ein Buch,
das versteckt unter dem Regal liegt.
Was mag das bedeuten?

„Geheimes Buch der Schatzsuche",
steht darauf.
Das klingt spannend, findet Lukas.

Vielleicht kann man damit
wirklich einen Schatz finden.
Lukas muss das Buch lesen!

Die Frau an der Ausleihe ist ratlos.
Das Buch gehört gar nicht
zur Bibliothek.

Lukas nimmt das geheimnisvolle Buch
einfach mit.

Die meisten Schätze scheint es
auf Inseln in der Südsee zu geben.
Sogar auf dem Meeresboden
liegen Kisten voller Gold.

Als Lukas umblättert,
fällt auf einmal eine Schatzkarte
aus dem Buch heraus.
Sie ist mit Buntstift gemalt.

Die Gegend darauf kennt Lukas.

Da ist seine Schule.
Auch den See
und den kleinen Wald
erkennt er wieder.

AM UFER DES SEES
STEHEN BÄNKE. AUF
DER DRITTEN SITZT AM
SONNTAGMORGEN DER
NÄCHSTE HINWEIS.

Mit einer Büroklammer ist ein Zettel
hinter dem Plan befestigt.

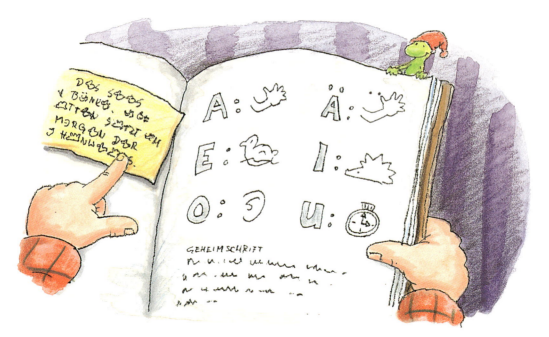

Bald kann Lukas
die Geheimschrift lesen.

Auf der dritten Bank am See
soll er am Sonntagmorgen
den nächsten Hinweis suchen.

Ein wenig unheimlich
ist ihm die Sache schon.

Am Sonntagmorgen
schreibt Lukas auf einen Zettel:

Damit seine Mutter ihn versteht,
schreibt er klein darunter:
Bin gleich zurück!

Dann rennt er zum See und denkt:
„Ganz bestimmt finde ich
jetzt einen Schatz."

Auf der dritten Bank am See
sitzt Marie aus seiner Klasse.
Lukas wundert sich.
Er fragt: „Bist du etwa der Schatz?"

Marie lacht: „Ich bin nur der Hinweis."
Dann erzählt sie,
dass sie Schätze finden will
und jemanden sucht, der mitmacht.

Deshalb hat sie das Buch
in der Bibliothek versteckt.

Marie denkt, dass Lukas
der Richtige ist:
"Ein Schatzsucher muss nämlich
Geheimschriften lesen können."

Und Geheimnisse lieben
sollte er natürlich auch.

Name gesucht

Max und Jule dürfen sich heute einen kleinen Hund aussuchen.

Leider ist es noch zu früh,
um zu der Züchterin zu fahren.

Papa schlägt deshalb vor:
„Überlegt euch doch
schon mal einen Namen.
Weil die Hündin zum zweiten Mal
Junge bekommen hat,
muss der Name mit B anfangen."

„Verstehe!", ruft Jule. „Weil B
der zweite Buchstabe im Abc ist."

Max fallen sofort Namen mit B ein:
„Bolli, Boris oder Berti."
Jule lacht und meint: „Oder Bine,
wenn es ein Hundemädchen ist."

Endlich geht es los.
Unterwegs im Auto schreibt Jule
noch mehr Namen auf.

„Bobbi, Benno,
Bessi, Betti, Balu ..."
Und dann sind sie da.

Vier kleine Fellknäule
tollen um die Hundemama herum.

Einer der Kleinen zieht Papa
die Schnürsenkel an den Schuhen auf.
Auch die anderen Hündchen
sind ziemlich frech.

Das einzige Hundemädchen
in diesem Wurf wartet,
bis Max es heranlockt.

„Die Kleine nehmen wir", flüstert Jule.
Max nickt.
Es ist Liebe auf den ersten Blick.

Die nette Hundezüchterin schenkt Max und Jule noch ein Heft mit Hundenamen.

A Aischa, Ajax, Anka
B Basko, Bella, Bonni
C Candy, Chio, Curry
D Deubel, Dingo, Dixi
E Ella, Enno, Elvis
F Fanny, Fina, Foxi
G Gina, Gobi, Grisu
H Hanno, Harras, Hexe
I Indra, Inuk, Ivy
J Jambo, Jana, Judy
K Kim, Knuddel, Krümel
L Larry, Lauser, Luna
M Maja, Mascha, Mex
N Nelli, Nessi, Nick

O Odin, Omega, Orka
P Peggi, Pit, Pluto
Q Queen, Quirl, Quito
R Rex, Romy, Roxi
S Sigi, Simba, Strolch
T Tessa, Titus, Toddi
U Unna, Ups, Urmel
V Vivi, Vita, Vox
W Winni, Wuschel, Wusel
X Xenon, Xerxes, Xira
Y Yeti, Yip, Yogi, Yoyo
Z Zeno, Zita, Zorro

Max und Jule nennen
die kleine Hündin Bella.

Zum Glück hört Bella gut
auf ihren Namen.
Er scheint ihr zu gefallen.

Ein tanzendes T und eine gute Idee

Es ist heiß draußen, und Tina macht ihre Schulaufgaben auf dem Balkon.

Im Schatten unter dem Sonnenschirm malt sie ein Namensschild.

Heute war eine Frau in der Schule,
die einen Film drehen will.
Morgen kommt sie in Tinas Klasse.

Beim Malen wird Tina so müde,
dass sie ihren Kopf mal kurz
auf die Arme legt.

Das scheint den Buchstaben,
die sie gemalt hat, zu gefallen.
Sie wachen auf und räkeln sich.

Das A marschiert Richtung N,
das T tanzt auf der Spitze
und winkt Tina mit beiden Armen zu.

Die Buchstaben machen Quatsch.
Sie tanzen und turnen herum.

Tina reibt sich die Augen.
Hat sie das alles geträumt?
Kichernd malt sie ein ganzes Abc
mit tanzenden Buchstaben.

Am nächsten Tag bewundern alle
das witzige Namensschild
von Tina.

Und die Frau, die den Film dreht,
bringt das auf eine ganz tolle Idee.

Renate Schoof lebt in Köln und war neun Jahre lang Lehrerin. Sie schreibt für Kinder, Jugendliche und Erwachsene. Manche ihrer Bücher handeln von Hexen, andere von Freundschaft oder von Kindern, die sich Geschichten erzählen. Und mit ihrer Freude am Lesen und Schreiben steckt sie gerne andere an.

Christian Zimmer wurde 1966 in Nordkirchen geboren. Er studierte Design in Münster und arbeitet seitdem als Grafiker und Illustrator. Wenn er gerade mal keinen Pinsel zur Hand hat, macht er gerne laute Musik.

Erster Leseerfolg mit dem LESETIGER

  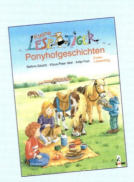 

Kleine Bildergeschichten zum ersten Lesen